Mausefalle

Plausibilitätsüberprüfung?

Da liegt eure Zukunft!!

Eine kitzlige Sache!

Es ist eben alles relativ!!

kinderprogramm.

Black in – black out

Typische Benutzerschnittstelle

Schnittstellensammlung

Puh, diese Endlosschleife, dafür ist er wahrlich zu alt!

Standbildspeicher

Big Mac und little mac

Diskettenmundwerk!

Der klassische Programmierer

Drei Weise

Ich bin hier wohl der Puffer!!

Der Schreib/Lesekopf

Veni, vidi, vici (Plutarch, Caesar 50)

„Reichlich altmodische Art der Datenübermittlung, meine Liebe"

Totaler Absturz!

Raubkopien

Bei dir ist wohl 'ne Schraube locker!!

von wegen artificial intelliegence!!